मुस्कात बाली धान के

छत्तीसगढ़ी ग़ज़ल संग्रह

सुखदेव सिंह "अहिलेश्वर"

प्रकाशक

कबीरा खड़ा बाज़ार में

प्रगतिशील वैचारिक मंच पिपरिया

मुस्कात बाली धान के

(छत्तीसगढ़ी ग़ज़ल संग्रह)

ISBN-979-889363603-1

प्रथम संस्करण : 2024

मूल्य : पेपरबैक-205.00, हार्डकवर-350.00

आवरण : भागवत साहू

प्रकाशक- कबीरा खड़ा बाज़ार में... प्रगतिशील वैचारिक मंच

वार्ड न०.14 नगर पंचायत पिपरिया, कवर्धा

कबीरधाम (छत्तीसगढ़), पिन-491995

दूरभाष -7566817411,7898408911

Email-Kabirakhadabazarme@gmail.com

Published by

Kabira Khada Bazaar Me...Pragatishil Vaicharik Manch Pipariya

Copyright© <Shukhdev Singh Ahileshwar> 2024

समर्पण

पूज्य गुरुवर माता-पिता

संग छत्तीसगढ़ी

लिखइया-पढ़इया

नवा पीढ़ी ल

सादर समर्पित

अनुक्रमणिका

अनुक्रमणिका

अनुक्रमणिका

सुखदेव सिंह के ग़ज़ल अउ समाज के सच

समाज के सच ला जानना अउ समझना हे तो रचनाकार के रचना ला पढ़ो। जइसे भक्ति काल के समाज के सचाई ला जानना हे तो तुलसी अउ कबीर ला पढ़ना जरूरी हे, वइसने आज के समाज ला देखना हे तो सुखदेव सिंह 'अहिलेश्वर' के ग़ज़ल संग्रह "मुस्कात बाली धान के" ला पढ़ना जरूरी हे। जब सियाही हा गाढ़ा रहिथे तो वोमा लिखाय आखर-शब्द ह ज्यादा उपकथे। सुखदेव सिंह अहिलेश्वर के नाँव हा वइसने गाढ़ा सियाही ले लिखे जाही। सुखदेव के कलम ले निकले ग़ज़ल, नवा छत्तीसगढ़ी ग़ज़ल लिखइया मनले ये माने म थोरिक अलग हे, के अहिलेश्वर हा रदीफ़- क़ाफ़िया के रीत ला भरपूर निभाये हे। अउ दूसर बिसेसता ये हे, के अहिलेश्वर हा क़ाफ़िया ला जबरदस्ती गोंजे नइ हे।

सुखदेव सिंह के ग़ज़ल मा उर्दू के शायर कस कल्पना के उड़ान नइ हे। अउ हवे तो कम से कम हे। ग़ज़ल मा तीर-तखार के सचाई ला उजागर करे के जादा उदीम होय हे। जिहाँ सचाई हो, उहाँ कल्पना के का काम? बिगर कल्पना के घलो कविता ला सचाई के थेभा ले के अरथ वाला बनाय जा सकत हे।

सुखदेव हा कविता मा कबीर के रद्दा धरे हे - "मैं कहता हूँ आँखिन देखी, तू कहता है पोथी-लेखी।" वो हा अनुभव के कविता के संसार रचे हे। अहिलेश्वर तभे छाती ठोक के कहिथे -

"पक्ष नइ लँव कभू अन्याय असत अनचित के,

मोर सुखदेव के संस्कार पता हे तोला"

सुखदेव सिंह के ग़ज़ल अउ समाज के सच

या

"देख लेवन खचित,फून के छाँट के,

बोदरा जब लगे, पोठ दाना असन"

आज के धर्मनीति के बारे मा कहिथे सोरा आना सच्ची बात-

"धर्म के नाँव ग्राहकी करबो

हाट मा हर दरी ठगाबो हम"

या

"मरे के बाद पाबो हम सरग-सुख मोक्ष रे अड़हा,

उड़ाहीं उन मजा जियते जियत मन भर मलाई के"

आज धर्म बैपार बन गे हे अउ हम ठगावत हन। चाहे बीच सड़क मा धरम के प्रतीक के स्थापना कर दो, अउ चढ़ावा ल डकारत रहो। वो प्रतीक हटाय के काकरो ताकत नइ हे,भले आवा-जाही मा अलकर हो जाय।

हमर समाज हा गरीबहा के हँसी-ठिठोली उड़ाय मा वस्ताद हे। पइसा वाला मन अइसने करके सुख पाथें। दूसर के दुख उँखर सुख आय। वोमन ला दूसर के, गरीबहा के सुख देखे नइ जाय-

"रोज थक के सो जथौं बिस्तर बिना

तैं समझथस मैं परे हँव मात के"

सुखदेव सिंह हा मया के ताकत ला जानत हे। वोहा मया ला अस्त्र-शस्त्र, औजार के आगू ठाढ़ कर देथे। अहिलेश्वर हा कहिथे-

"मया ला मीठ बोली भर हरा पाथे

हरा पावय नहीं औजार समझे कर"

सुखदेव हा आज के राजनीति ऊपर व्यंग्य के चोखी अउ धरहा बान मारे हे-

"धर्म का हे, जाति का, का गोत हे

वोट बर वोटर के परिचय होत हे

नीत अउ रणनीत का हे का कही

मुड़ पकड़ के लोकतंतर रोत हे"

पुरुषवादी समाज मा नारी-परानी के दुरदसा ला अपन आँखी ले गाँव-परिवार मा देखत हे, के वोमन कतेक हलकान हे। बेटा अउ बेटी बर समाज मा अलग-अलग नियम हे। येहा सामाजिक अन्याय आय। अहिलेश्वर हा कहिथे-

"बहू-बेटी ह झन झाँकै दुआरी

घुमे बर पूत ला संसार देथस"

समाज मा परिवारिक टूटन के कारन भाई-भाई मा झगरा-लड़ाई घरों-घर मातत हे। अँगना के, पेड़ के, गाय-बछरू के, खेत-खार-बारी, घर-कुरिया के अउ दाई-ददा के घलो बाँटा-खोंटा होवत हे। सुवारथ अमागे हे मनखे के मन मा। जनम देवइया दाई-ददा के मया-दुलार अब कौड़ी के मोल होगे-

"होये हे काली बाँटा, अँगना म परगे हाँथा

बेटा कहत फिरत हे, माँ-बाप परगे माथे"

आज मया-दुलार-ममता-परेम सब घुरुवा मा कचरा कस फेंके के जिनिस हो गे हे।"

देखा-सीखी मा फैशन हा करगा कस बाढ़थे। आज के नवा पीढ़ी फैशन के आगी मा भुँजावत हे। बड़हर-असामी के लइका मन ला देख के वहू हा वइसने करत हे। आज के जवान लइका मन ला सूट-बूट-टाई अउ मोटर-साइकिल चाहिए। बबा-ददा मन जिनगी ला लगाके खेत मा काम करके पहावत हें अउ घर के जवान लइका फैशन करके फुटानी मारत घूमत हे। नरी मा बांधे टाई हा घर-परिवार के नरी मा फाँसी के फाँदा कस होवत जात हे-

"बबा के चार पन गय बीत नानेकन लँगोटी मा

उँखर नाती ल चाही शर्ट अब मैचिंग म टाई के"

सुखदेव हा छत्तीसगढ़ी- कवि होय के बाद घलो भाषा मा नइ बँधाय हे। भाषा हा नदी बरोबर होथे। वोमा कई ठन आने -आने भाषा के नरवा मन मिलत जाथे अउ वो नदी ला बड़े बना देथे। अहिलेश्वर के भाषा मा आने भाषा के कई ठन शब्द मन गला मिल गे हें। चाहे वो हिन्दी के

कठिन शब्द हो, चाहे अंग्रेजी के शब्द अउ चाहे उर्दू-फारसी के शब्द। ये आने भाषा के शब्द मन अहिलेश्वर के छत्तीसगढ़ी भाषा मा मिल के आने भाषा के शब्द नइ लगे।

सुखदेव हा कुछ कठिन क़ाफ़िया ला घलो उठाय हे। ये कठिन काम हे। जइसे-

"हे पार करना अथाह सागर, कहूँ अदलहा हे पाँख डेना

तहाँ हुनर-हट्टी होर-सट्टी, सटक जही रोबो भें-भें भेंना"

रोये के सुर ला क़ाफ़िया बनाना खूबी के बात आय।

भाषा के बात हा भूमिका के आखिर मा आना चाही। पन ये किताब के भूमिका मां बीचे मा आ गे हे। भाषा के बात ला लिखे के बाद मोर नजर हा कुछ 'शेर' मा जा के ठहर गे। मोला लगिस के वोला भूमिका मा लाय बिगर भूमिका पूरा नइ होही। तेकरे सेती कुछ अउ लिखे के उदीम करे हँव।

सुखदेव ला आदमी के पहिचान करे मा मुसकुल नइ लगे। कोन देवता हे, कोन निमगा सैतान हे, कोन बइमान हे, कोन सच्चा हे- सुखदेव हा सबो ला जानत हे-

"अइसे बनउटी भाव हे बइमान के

जइसे खवा देही करेजा चान के"

सिरतोन मैं ब्लड बैंक मा देखे हवँव

मुँहु रक्तदाता कस रथे भगवान के"

या

सुखदेव सिंह के ग़ज़ल अउ समाज के सच

"पूछ झन पच्चीस बेखत काय चाही, काय चाही

जाँच ला निष्पक्ष होवन दे हमन ला न्याय चाही"

जाँच ला निष्पक्ष होय के काम ला उही मन रोकथे, जेमन हितवा बनके अपन भासन मा "काय चाही,काय चाही" कहिके फुटानी मारत रहिथें।

सुखदेव हा कुछ जघा बढ़िया बिम्ब-प्रतीक ला अपन ग़ज़ल मा लाय हें-

"गाय-गरुवा गली म घूमत हे

चैन के नींद सोय गोसैंया"

ये बिम्ब हा हर गाँव के गली-सड़क मा देखे ला आजकल मिल जाथे, पन जब बिम्ब हा प्रतीक मा बदल जाथे तब अरथ हा पुरुस-पुलवान गहुरी हो जाथे। जइसे - इहाँ के जनता गाय-गरुवा कस गाँव-सहर के गली मा बिन काम-धंधा, बिन रोजगार के धक्का खावत घूमत हे। अउ जेमन ला जनता हा चुनाव मा जिता के अपन गोसैंया बनाय हे, वोमन चैन ले गोड़ लमा के सोय हें। इही हा ये 'शेर' के अरथ आय।

जेन बात मन ला पुरखा कवि मन पहिलिच ले कह डारे हें। वोला ग़ज़ल के 'मतला' या 'शेर' मा नइ लाना चाही-

"जाना परही इहाँ ले अकेला

छूट जाही मया मोह मेला

खाली आये हवन खाली जाबो,

नइ ले जाये सकन एको ढेला"

पन यहू सच हे, के कोठी-भर धान मा एको ठन करगा-बोदरा घलो होथे। वोकर कारन कोठी-भर धान हिने नइ जा सके। किताब हा भाव

अउ अरथ वाला हे। पढ़े-गुने के लाइक हे। अहिलेश्वर के भविस हा बढ़िया जगर-मगर वाला हे- मोला अइसे लगत हे। मोर डहर ले वोला दू-चार क्वीन्टल बधाई।

डॉ. जीवन यदु

गीतिका- दाऊचौरा, खैरागढ- 491-881

मोबाइल - 9752023921

ग़ज़ल के प्रचलित 32 बहर मा छत्तीसगढ़ी भाषा के पहिली ग़ज़ल संग्रह "मुस्कात बाली धान के"

"ग़ज़ल" अरबी के शब्द आय जेखर मतलब नारी ले या नारी संग गोठियाना होथे। ये अरबी साहित्य के एक विधा आय। जइसे छन्द के शास्त्र होथे, वइसने ग़ज़ल के शास्त्र घलो होथे। ग़ज़ल के शास्त्र ला ग़ज़ल के अरूज़ कहे जाथे। ग़ज़ल मा दू-दू डाँड़ के शेर मन, छन्द के दोहा असन अपन-आप मा पूर्ण अउ स्वतंत्र होथें। दोहा असन शेर घलो "देखन मा छोटे लगैं, घावे करैं गंभीर" - ला चरितार्थ करथे। ग़ज़ल के इही गुण के कारण हिन्दी समेत देश के अनेक भाषा मा ग़ज़ल विधा लोकप्रिय होगे।

छत्तीसगढ़ी के अनेक कवि मन के रुझान तको ग़ज़ल विधा डहर बहुत ज्यादा दिखत हे। कई झन मन दू-दू डाँड़ के ग़ज़लनुमा रचना करत हें फेर ज्यादातर मन ग़ज़ल के मूलभूत नियम अउ शिल्प ला नई जानत हें। ग़ज़ल कभू बिना बहर के नई लिखे जा सके। कुछ मन कोनो छन्द के लय ला आधार बनाके लिखत हें, त कोनो मन बहर के पालन करे बिना लिखत हें।

ग़ज़ल बर छत्तीसगढ़ी कवि मन के रुझान ला देख के "छन्द के छ- ऑनलाइन गुरुकुल" गंभीरता ले विचार करिस अउ छत्तीसगढ़ी भाषा मा विधिवत ग़ज़ल सिखाये खातिर जनवरी 2019 मा एक अभिनव प्रयोग करिस। इही प्रयोग ह "ग़ज़ल के ग-ऑनलाइन गुरुकुल" के रूप मा अस्तित्व मा आइस। ये गुरुकुल मा लगभग दू बछर तक 15 छन्दकार मन ला 32 प्रचलित बहर मा ग़ज़ल लिखे बर सिखाये गिस। सुखदेव

ग़ज़ल के प्रचलित 32 बहर मा छत्तीसगढ़ी भाषा के पहिली ग़ज़ल संग्रह
"मुस्कात बाली धान के"

सिंह अहिलेश्वर इही "ग़ज़ल के ग-ऑनलाइन गुरुकुल" के समर्पित
ग़ज़ल-साधक आँय।

"ग़ज़ल के ग-ऑनलाइन गुरुकुल" मा ग़ज़ल के अभ्यास करे के बाद
तको सुखदेव जी अपन ग़ज़ल-साधना ला सरलग रखिन, जेखर
परिणामस्वरूप "मुस्कात बाली धान के" ग़ज़ल-संग्रह के रूप धरिस।
ग़ज़ल के शिल्प अउ विधान के पालन करत ये छत्तीसगढ़ी भाषा के
पहिली ग़ज़ल संग्रह आय जेमा जम्मो बत्तीस बहर के ग़ज़ल समाहित
करे गेहे।

सुखदेव जी सरल शब्द मा गूढ़ बात करे के हुनर ला अपन पहिली छन्द
संग्रह "बगरय छन्द अँजोर" मा साबित कर चुके हें। ये ग़ज़ल संग्रह मा
घलो अइसने हुनर देखे बर मिलत हे।

आज के जिनगी मा संघर्ष हे। जीये के संघर्ष, पेट भरे के संघर्ष, नौकरी
के संघर्ष, टूटत रिश्ता-नाता ला संजो के रखे के संघर्ष, अस्तित्व के
संघर्ष, अस्मिता के संघर्ष आदि। माने आम जनता के जिनगी मा अनेक
विसंगति के संग चौबीसों घण्टा युद्ध चलत हे। आधुनिकता के चक्कर
मा नैतिकता नँदावत हे। सुखदेव सिंह अहिलेश्वर के ग़ज़ल मा आम
मनखे के पीरा ला स्वर दे गेहे। नैतिकता ला पुनर्स्थापित करे के उदिम
करे गेहे। सोये मनखे ला जगाए के कोशिश करे गेहे। वर्तमान के
झंझावात ला रेखांकित करे गेहे। हर ग़ज़ल मा सुखदेव जी के गहन
चिंतन दिखत हे।

ये ग़ज़ल-संग्रह अपन विषय के विविधता के कारण पाठक मन ला
चिंतन करे बर मजबूर करही। सुखदेव जी के ग़ज़ल मा अपने तीर-
तखार के रोजमर्रा के जिनगी के उतार चढ़ाव बोलचाल के भाषा मा
शब्दांकित करे गेहे। हर ग़ज़ल मा संबंधित बहर के उल्लेख तको करे
गेहे जेला देख-पढ़ के नवा ग़ज़लकार मन ला बहर मा ग़ज़ल कहे के
प्रेरणा मिलही। ये किताब मा एक खासियत अउ हे कि कुछेक ठेठ

ग़ज़ल के प्रचलित 32 बहर मा छत्तीसगढ़ी भाषा के पहिली ग़ज़ल संग्रह "मुस्कात बाली धान के"

छत्तीसगढ़ी शब्द मन के अर्थ घलो बताये गेहे जेखर कारण पाठक मन के शब्द-ज्ञान मा घलो बढ़ोतरी होही।

मँय छन्द के छ परिवार डहर ले कवि, गीतकार, छन्दकार, गायक अउ ग़ज़लकार सुखदेव सिंह अहिलेश्वर जी ला "मुस्कात बाली धान के" , ग़ज़ल-संग्रह बर बधाई देवत हँव अउ कामना करत हँव कि उनकर कलम अइसने छत्तीसगढ़ी भाषा ला पोठ करे के दिशा मा सरलग चलत रहे।

अरुण कुमार निगम

संस्थापक

"छन्द के छ-ऑनलाइन गुरुकुल"

"ग़ज़ल के ग-ऑनलाइन गुरुकुल"

छत्तीसगढ़

संपर्क - 9907174334

जीमेल - arun.nigam56@gmail.com

अपन गोठ

कथनी अउ करनी के घाँटी कभू नइ छुटे। जेन मेर मिलही जुरेच मिलही। लोक के कुछ कथन देखन- "भइगे ग राहन दे! एखर कथनी अउ करनी म अंतर हे.. मुँह के कहे म काय हे, मुँह म तो मनखे ह बादर ल अमर देथे.. कहब सरल हे ग करब कठिन हे।" कथनी अउ करनी म अंतर नइ होना चाही के इच्छा अउ अपेक्षा म ही ये कथन मन उद्भरे होहीं।

कथनी अउ करनी ल एक करे के अनिवार्यता पहिली कहइया बर हे बाद म सुनइया बर। कथनी कहूँ उपदेश वाला हे तब तो अउ राहन दे, चार जघा उठइया-बइठइया मन मुँह ऊपर कहि देथें- "पर उपदेश कुशल बहुतेरे..।" वर्तमान समय के प्रबुद्ध मन तो उपदेश वाला कथन ल भावे नइ दँय। भाव नइ देना ह उँखर जायज घलो हे। काबर के कथनी ह करनी म रुपिया म चारोआना नइ दिखही त कोनो भला कइसे भाव देही।

कथनी ल अपन करनी म दिखाय बर परही कहिके बहुत झन तो मुक्कच रहना पसंद कर लेथें। कथनी अउ करनी के मिलान जीयत भर होना हे। मुक्का नइ रहना हे त कथनी अउ करनी ल एक करे बर परही, नइते कुछ अइसे संभव करे बर परही जेमा कथनी बर करनी म दिखे के जरुरते झन रहय। कथनी अउ करनी डहर बस अतके घुमथन नइ ते लहुट नइ पाबो।

बेरा के बउरे बात आय। अपन आँखी मनखे एके दुनिया देख पाथे, पर किताब एके जीवन म एक ले अधिक दुनिया देखा देथे। शहर होवय के गाँव, बचपन के पाँव ल पीठ म लदाय बस्ता ह सुघर रस्ता धराय हे। विद्या के मंदिर म गुरु के सानिध्य के जेन पल जिनगी ल मिलथे वोकर ले बढ़के कोनो दूसर पल नइ हो सकय। गुरु के कृपा अउ आशीर्वाद ले

आखर अउ शब्द के शिक्षा पावब ल नवा जिनगी पाय के बरोबर कहि सकथन।

बेरा-बखत चाही कबो होवय, ये बात सोरा आना सहीं कहे जाही के पुस्तक ह लेखक अउ प्रकाशक ले जादा पाठक ल प्रकाश म लाथे। सुरुज ह रात के अँधियार भर ल दूर करथे पर पुस्तक हर प्रकार के अँधियार म अँजोर के बेवस्था करथे। तेखर सेती अदमी के जुड़ाव पुस्तक ले बने ही रहना चाही।

पुस्तक कमाल के चीज आय। सोचे बर अगास के ऊँचाई देथे त गुने बर सागर के गहराई, देखे बर अन्तर्दृष्टि देथे त सँउहें एक पूरा सृष्टि। बोले-बताय बर कभू शब्द देथे त कभू साहस, कभू खुशी त कभू ढाँढस। अनुभव के गोठ करन त कोनो ल मिलय के झन मिलय पर पुस्तक पढ़इया ल ओखर पुरखा के सानिध्य सदा-दिन मिलथे।

पढ़त खानी दीखत चित्र म आँखी ह आखर अउ शब्द भर नइ देखय बल्कि देखथे एक संसार। पाठक जिये लगथे ओ संसार म। बोली-बतरस ल सुनत-गुनत, सुख-दुख के छइहाँ-घाम म बइठत-ऊठत अंतस एकमई होय लगथे ओ संसार सन।

दुनिया पुस्तक के भीतर भर हे अइसे बात नइहे, दुनिया पुस्तक के बाहर घलव हे। जेला देखे बर आँखी चाही। पर बिना दृष्टिकोण अउ दृष्टि के आँखी ह का देखही? दृष्टि अउ दृष्टिकोण वाला किताब ले मिलथे।

दुनिया सन एकमई होय ले मन म उपजे तरह-तरह के भाव-रस, अदमी ल भीतरे-भीतर गुदगुदावत रहिथे, कभू अटेसत-हुदेसत त कभू टाँचत रहिथे। अउ तब फूटथे उद्गार के एक धारा, जे धारा हर सकलाथे त साहित्य सरोवर बनथे। जियत-जागत जिनगी के समय इही साहित्य सरोवर के तिर-तखार म रहत-बसत बीतथे।

उद्गार ल कलम के साथ मिले ले आवाज के पहुँच कई गुना बढ़ जथे। उद्गार ल आवाज मिलथे अउ आवाज ल स्वर, स्वर

के शास्त्रीय विधान म हो'य ले वोकर फबित ह अउ बढ़ जथे, सेहरउनिक हो जथे।

कवि सशरीर सबके साथ नइ हो सकय। फेर वोकर उद्गार ह हर कोई के सुख-दुख म शामिल खाँध जोरे खड़े नजर आथे। "मुस्कात बाली धान के" छत्तीसगढ़ी ग़ज़ल संग्रह अइसने एक अंतस के उद्गार आय। ग़ज़ल के पहुँच अउ लोकप्रियता बहुत बढ़िया होथे तेपाय के उद्गार अभिव्यक्ति बर ये विधा के चुनाव सहज हो गिस। पढ़े के बाद आप ल ये बात सिरतोन लगही के विधान के पालन बर भाव सन समझौता नइ करे गेहे। आपके साथ अउ सम्मति पाही त मोर ये प्रयास ह संबल पावत सार्थक हो जही।

ग़ज़ल के शास्त्रीय ज्ञान गुरुदेव श्री अरुण कुमार निगम जी के कृपा ले, उँखर सानिध्य म पाय हँव। गुरुदेव जी ह मोर पहिली कृति 'बगरय छन्द अंजोर' के संग एहू कृति के भूमिका लिखे हें। संग्रह के पहली भूमिका ख्यातिलब्ध साहित्यकार आदरणीय जीवन यदु 'राही' जी खैरागढ़ लिखे हें। सादर आभारवंदन पठोवत हँव। प्रोत्साहन बर गुरुदेव श्री समयलाल विवेक के आभारवंदन हे। आवरण अउ टेक्निकल सहयोग बर आदरणीय भागवत साहू सर के सादर आभार साथ म प्रकाशन बर कबीरा खड़ा बाज़ार में... प्रगतिशील वैचारिक मंच-पिपरिया डहर सधन्यवाद आभार प्रेषित हे....।

सुखदेव सिंह"अहिलेश्वर"

गोरखपुर (पिपरिया), कबीरधाम छत्तीसगढ़

संपर्क- 9685216602

सुखदेव सिंह "अहिलेश्वर"

मोम के बछरू

बहर- 2122 1122 1122 22

दुख के दिन हँस के नहीं रो के पहाबे करही
सुख के दिन ठौर-ठिहा[1] राह म आबे करही

दु:ख तकलीफ़ समुन्दर सही होही गहरा
मारही डुबकी तउन थाह ल पाबे करही

सुख के अर्जी ल लगातार लगावत राहन
सुख के सूची म कभू नाँव लिखाबे करही

काम-धंधा म दिही चेत धरे सतिया[2] ला
तौन बैपारी खचित जान फभाबे करही

देख रंगीन रँगा-चाल[3] घुचे जा कतको
थोर-ना-थोर मनुज-माथ सनाबे करही

मोम के बछरू खड़े नैन-नजर के पाछू
गाय बपुरी ह पिला जान दुहाबे करही

कोई निर्माण खटाही न अपन अयबल[4] भर
पा के 'सुखदेव' झड़ी घाम रनाबे[5] करही

---

[1] स्थान,जगह
[2] धैर्य,सब्र,आश्वस्त
[3] चाल-चरित्र
[4] उम्र भर
[5] कमजोर

मुस्कात बाली धान के

मैं किसान

बहर- 212 1212 1212 1212

नइ घुमौं तिरथ-बरत न डोंगरी-पहार गा
मैं किसान मोर चार-धाम खेत-खार गा

अर्-तता[6] ह मोर प्रार्थना सबद अजान ए
खाँध के जुँड़ा म ओमकार हे सवार गा

अन्नपूरना ह मोर खेत मा बिराजथे
अनसुना करय नहीं किसान के पुकार गा

सतपुरुष पिता ल मैं ह मानथौं परमपितर
सृष्टि के रचइया मोर आय गोतियार गा

मेघ मानसून मोर काम मा मदद करे
आसमान दै असीस दै धरा दुलार गा

मेहनत करत रथँव उगाय बर अनाज मैं
पुण्य पा जथौं परोस रोटी भात दार गा

हर जगह इहाँ-उहाँ हिसाब पूर-पंथ हे
कोन ठग किसान ला फभाही[7] ठग फुसार गा

दूध घीव साग-पान फूल फल अनाज बर
राह देखते रथे किसान के बजार गा

---

[6] हल चलाता किसान बैलों को कहता है।
[7] लाभ

सत करम म सोर हे असत करम म लोर हे
आत्मा उतार साँच सार जब विचार गा

दुआभेदी के मंतर

बहर- 1222 1222 1222

हुँकारू[8] भर भरनहा भक्त कर देही
मती माथा मगज निमगा[9] मतर देही

नजर इंसानियत के नइ रखन देवय
बरन[10] अउ जाति के चश्मा अगर देही

ना घर ना गाँव ना रहिबो समाजे के
दुआ-भेदी[11] के मंतर मार छर देही

बिहाने हे हमर कर साँझ हे रीता
अपन दस पुस्त बर धन जोर[12] धर देही

चिराई ब्याध ले ये पूछ तो लेवय
कतर[13] के पर उड़े के का हुनर देही

हमर अधिकार हक होये बिना सुखदेव
हमन ला कोन चाउँर दार घर देही

सिरिफ दू शब्द गुरतुर बोल के वोहा
दरद सुखदेव के मिन्टो म हर देही

---

[8] हाँ कहना
[9] बिल्कुल
[10] वर्ण
[11] भेदभाव
[12] एकत्रित करना
[13] छाँटना

फिकर झन कर

बहर- 1222 1222 1222

जरूरी हे त खर्चा कर ग डर झन कर
ददा दाई के राहत ले फिकर[14] झन कर

बस अतके हे गिलउली[15] तोर ले बेटा
जुआ सट्टा नशा मा मन जहर झन कर

खदरछानी[16] रहिस हे छाय हन खपरा
बनय ता छत बनय वापस खदर झन कर

गरीबी मा दुबर हन देख पहिली ले
फुटानी[17] मार दुब्बर[18] ला दुबर झन कर

गुजरगे हे दिवस हफ्ता ले पखवरिया
ठलउहा[19] घूम के महिना बछर[20] झन कर

बने लगथे खुशी सुख ला दिखाये मा
दरद दुख ला परोसी के नजर झन कर

सुवारथ लाख नव-नगदी सधत होही
असत के राह-रद्दा मा सफर[21] झन कर

---

[14] चिंता
[15] आग्रह
[16] फूस की छानी
[17] शान-शौकत
[18] गरीबी हालत
[19] बेरोजगार
[20] वर्ष
[21] यात्रा

समुन्दर अघा जाही

बहर-1222 1222 1222

गजरना सारथक होही बरसही ता
दया अउ दान दानी के दरसही[22] ता

अभी सरसन[23] न दी हे बचपना के दिन
गड़ाबो ढेखरा[24] नारा[25] लरसही[26] ता

बनउटी छाप तो तैं झन बड़ाई कर
बड़ाई हो जही रैय्यत[27] हरसही ता

मनुज बिरथा[28] कलेवा दसकरन[29] के हे
जिते-जीयत खवइया हा तरसही ता

अघा जाही खचित सुरसा घलो होही
जनम जननी हमर सथरा परसही ता

सफल सुखदेव ए जोनी जनम जिनगी
सुमत सद्भाव समता मा सरसही ता

---

[22] दिखना
[23] बढ़ना
[24] लताओं को सहारा देने के लिए गड़ाई जाने वाली पेंड की कटी सुखी डाली
[25] लता
[26] झूकना
[27] प्रजाजन जनता
[28] व्यर्थ
[29] दशगात्र

ईश्वर के मुँह चुपचाप

बहर- 2212 2212

सब ला पता ये माप हे
भुँइया ले भारी पाप हे

पापी बिना कहिदे भला
का पाप अपने-आप[30] हे

तइहा[31] ले देखत आत हन
ईश्वर के मुँह चुपचाप हे

बेटा करा[32] हे रेडचिफ
भुँभरा[33] म उखरा बाप हे

आजो[34] कुपरथा के डहर
ठाढ़े नियकहा खाप हे

सच के बड़ाई दूर तक
लबरा के एके धाप[35] हे

---

[30] स्वमेव
[31] बहुत पहले
[32] के पास
[33] गर्म सड़क से पाँव जलना
[34] आज भी
[35] दूरी की माप

मुस्कात बाली धान के

बरसा बिना खेती कहाँ
बरसा कहाँ बिन भाप हे

का जानही सानी उला
सुखदेव तुक्का छाप हे

चिहुर

बहर- 1222 1222 1222 1222

चिहुर[36] तो रोज पारत हें मुवन[37] चैनल म आई के
न महँगाई के चर्चा हे न तो करिया कमाई के

मरे के बाद पाबो हम सरग सुख मोक्ष रे अड़हा[38]
उड़ाहीं उन मजा जियते-जियत मनभर मलाई के

बढ़ावा पाप अउ पापी ल देथन जान-सुन के हम
ये कहिके पाप हा कट जात हे गंगा नहाई के

सगा-सोदर ल अब आदर म दारू-पारटी चाही
जमाना गय गुजर चीला सुहाँरी[39] जेवनाई के

जे चौंखट जाति के ताना अनादर के मिले धक्का
उहाँ मुड़ गाड़ जावब ला अती कहिबो ढिठाई के

तपन दे उन बड़े एँ बाँच जाहीं घाद[40] हे धन बल
उँखर देखासिखी मा हम चले जाबो बँधाई के

———————————————

[36] चिल्ला चिल्ला कर बोलना
[37] आदमी
[38] नासमझ निरक्षर
[39] पूड़ी रोटी
[40] अधिक

मुस्कात बाली धान के

करे बर काम-बूता रोज मोला घाम धुर्रे मा
दवाई का बिसावँव मँय ये झाँईं अउ बिंवाई के

सियानन के कथा-कहिनी के कहना कब न हे परगट
रहिस ना तब हवय ना अब जमाना हा सिधाई के

बबा के चारपन गय बीत नानेकन लँगोटी मा
उँखर नाती ल चाही शर्ट अब मैचिंग म टाई के

हरस सौभाग्यशाली तँय ददा के हाथ हे मुड़ मा
बिपत[41] के घाम नइ पावच हे अँचरा छाँव दाई के

हरय अर्धांगनी हर ज्ञान सुखसागर सुमत साहस
समझ सुखदेव तँय बलधाम परगट हाथ भाई के

---

[41] विपत्ति

बेरा-बखत

बहर- 1222 1222 122

सहीं सत राह रस्ता मा विरत हे
सरग मा ओखरे पुरखा[42] हँसत हे

सुधी सज्जन ददा-दाई गुरूजन
इँखर कर जाय ले बिगड़ी बनत हे

पवन पानी अगन आकाश धरती
सबो बर एक घर एके जगत हे

मुआ जुच्छा न खाही काय करही
ठलउहा रोज के घर मा रहत हे

उचाटा मार चढ़ही धार डाहर
तभे मछरी कहाही हाँ जियत हे

जरूरी हे चिटिक[43]थमना थिराना[44]
अगर उल्टा हवा बेरा-बखत हे

उदिम सुखदेव कोई लाख करलय
सहीं नइ हो सकय जे हर गलत हे

---

[42] व्यतीत
[43] थोड़ा सा
[44] विश्राम

हार देथस

बहर - 1222 1222 122

कभू घुड़की कभू दुल्कार देथस
बिना सोचे रचारच मार देथस

पतीवरता ए रहि जाथे सुबक के
तहीं कोनो-कुती मुँह टार देथस

बुड़े ले जेन हा तोला बचाथे
उही पत्नी ल सुनथन तार देथस

कभू देये नहीं अधिकार आधा
कहत अर्धांगिनी भुलियार देथस

बहू बेटी ह झन झाकँय दुवारी
घुमे बर पूत ला संसार देथस

कभू सच न्याय नारी पूछ लेथे
कथा-कहिनी सुना बिंवझार[45] देथस

कथस घर-मालकिन सुखदेव एती
जुआ मा धन समझ के हार देथस

---

[45] भ्रमित करना

मेला

बहर- 212 212 212 2

जाना परही इहाँ ले अकेला
छूट जाही मया-मोह मेला

खाली आये हवन खाली जाबो
नइ ले जाये सकन एको ढेला

देखना हे घड़ी-दू-घड़ी भर
ये मयागढ़ मदारी के खेला

गाँव के गउ-चरागन सिरागे[46]
खोर धरसा[47] ह होगे सकेला[48]

तँय सकेले जघा-भूम भारी
का सदा-दिन इहें हे रहे ला?

चाह हे पूज्य पाथर बनी कल
नेव मा आज परही धँसेला

जान अघुवान बाती बने बर
गुरु अरुण के ये सुखदेव चेला

---

[46] अतिक्रमित
[47] कच्चा रास्ता
[48] सँकरा

सावन

बहर- 212 212 212 2

जब ये सावन ह रिमझिम बरसही
धान हा चोभियाही[49] सरसही

प्यास तब्भे बुताही धरा के
जब ये बादर ह पानी परसही

देख के लहलहावत फसल ला
सब किसानन के मन हा हरसही

लकठियाही[50] परब पोरा तीजा
मन कई मइके कोती लरसही

धान हा माथ-अरोही कुँवरहा
सुख सरग साफ साँउहे[51] दरसही

होही सुखदेव के तन शहर मा
गाँव के मेंड़ बर मन तरसही

---

49 जड़ें गाड़ना
50 पास आना
51 सम्मुख

गँवाना अउ पाना

बहर- 122 122 122 122

कमाना लगे रोज खाना लगे हे
जरूरी जुगत मा जमाना लगे हे

लहू के प्रभू के नता ले उमर भर
मया पाय बर हर दिवाना लगे हे

समय साथ देथे भरोसा करे मा
गँवाना[52] के फिर बाद पाना लगे हे

मदद बर हमेशा बढ़य हाथ आघू
बिपत[53] मा सबो के नठाना[54] लगे हे

हे सुखदेव सुख-दुख मिले बर बरोबर
मिलिस कोन जादा दहाना[55] लगे हे

---

[52] खोना
[53] विपत्ति
[54] फँसना
[55] हिसाब लगाना, आंकलन

छू के तोला

बहर- 2122 2122 2122 212

छू के तोला साँस पाथँव बात ला पतियाये[56] कर
बापो के कुरिया म बेटा थोरकन आ जाये कर

मुँह ल बाजत देख सुन के लार ला घुटकत रथौं
कम से कम मुर्रा के लाडू मोरो बर ले लाये कर

तोतरउती बोल तोरे होय हँव सुन-सुन सुखी
तोतरा परथँव कुछू ता बेटा झन हँउहाये[57] कर

काज हा अच्छा बुरा होथे करइया हा नहीं
काज ला कोनो करय अच्छा हे ता सँहुराये[58] कर

नेक कारज बर कुटुम कुछ आसरा करथे कभू
हाथ उठा के दे करस 'सुखदेव' झन कनुवाये[59] कर

---

[56] विश्वास करना
[57] खीझते हुए कहना
[58] प्रसंशा
[59] आनाकानी, ना-नुकर

हिसाब

बहर- 1212 212 122, 1212 212 122

हे पार करना अगाध सागर, कहूँ अदलहा[60] हे पाँख डेना
तहाँ हुनरहट्टी होरसट्टी[61] सटक जही रोबो भें-भें भें[62] ना

समय रहत सब सहेज लेवन, जगत कदर हे सहीं समय के
समय निकल जाए ले हजारों हजार कर ले जुगत लहे[63] ना

हे काल के गाल मा समाना, उपर तरी दाँत डाड़हा हे
हरू-गरू के खबर उठा ले, बने के पहली चना-चबेना

बिना सदाचार ज्ञान के हम ये भेष-बाना[64] कतिक बदलबो
मती म गोबर गती म गोबर बहुत बदल जाबो बनबो छेना[65]

इहाँ लगा लेबो फर्जी बिल हम, इहाँ करा लेबो अजरा आडिट
उहाँ पहुँच परही हम सबो ला किरिम-किरिम[66] के हिसाब देना

---

[60] कमजोर
[61] अति-आत्मविश्वास
[62] रोने की क्रिया
[63] काम न बनना
[64] वेश-भूषा
[65] गोबर के उपले
[66] छोटी सी छोटी चीज

देशभक्त

बहर- 212 1212 1212 1212

देशभक्त ओ कहाही लोक के जुबान मा
आस्था रखे चलत हे जेन संविधान मा

भाव भावना ल मोर छू टमड़ के देख ले
राष्ट्रगीत मा हे दिल परान[67] राष्ट्रगान मा

आन-बान-शान जान अउ जहान राष्ट्र-ध्वज
रात-दिन फहरथे मोर दिल के आसमान मा

गाँव भर नता कका बड़ा बबा मितान के
राम अउ किसन कबीर मोर खानदान मा

रोज कन अनाज अन्न ले अपन उदर भरत
ईस के दरस-परस ल पा जथँव किसान मा

मैं असाड़ जाड़ घाम के करँव नहीं फिकर[68]
खुश रथँव निहार खुद ल सेना के जवान मा

ये जनम करम धरम कलम सफल अदीब के
जिनगी के निमित पढ़े कढ़े गढ़े गियान[69] मा

---

[67] प्राण
[68] फिक्र
[69] ज्ञान

मया के ढोर

बहर- 1121 2122 1121 2122

बना चेहरा ल चन्दा मने मन चकोर बनगे
ददा-दाई बर बिचारा टुरा दँतनिपोर बनगे

ए मया मिलन के किस्सा ल सचेत हो के पढ़ सुन
कभू लास बनगे नइया कभू साँप डोर बनगे

गली-खोर रोज देखत हे मया के चित्र अलकर
कहे जाही आज मनखे ह मया के ढोर बनगे

बने छोइहा[70] परे हे एदे पोठ मोठ गन्ना
ए बताए बर गवाही गली गाँव खोर बनगे

न उला न पोठ सानी न तो रुक्न शायरी मा
कहे मन के भाव सुखदेव गज़ल सजोर बनगे

---

[70] गन्ने का रस निकाला जा चुका तना

लाम-लाम फेंक के

बहर- 212 1212 1212 1212

हर समय हरेक[71] के हरेक साँस हा कहे
गाँव के हवा शहर ले शुद्ध साफ स्वच्छ हे

देख धुन्ध-कोहरा कहे शहर के आदमी
गाँव मा घलव हमर करा तो घर-दुवार हे

मंतरी करा न पूछ जल हवा के हाल ला
आँकड़ा धरे हे कार्यकाल मा फरी[72] बहे

हव कहे म हे भलाई बात ओखरे सहीं
मूढ़ मूड़पेलिहा[73] सो ज्ञान-गोठ नइ लहे

लाम-लाम[74] फेंक के गहिरमती ल झन थहा
एक घाव गय उफल त पाँव जान नइ थहे

गाय-भैंस-बोकरी ल राख बाँध छाँद तँय
रोज-रोज के फसल चरी ल कोनो नइ सहे

---

[71] प्रत्येक
[72] स्वच्छ
[73] अपनी बात को ही सहीं ठहराने वाला
[74] लंबा-लंबा

दिनों-दिन

बहर- 221 1221 1221 122

डरुहात हे अपराध के संख्या ह दिनों-दिन
ढिलियात हे कानून व्यवस्था ह दिनों-दिन

अन्याय कभू न्याय बिसावन तो न लगही
मन माथ म गढ़ियात हे शंका ह दिनों-दिन

अश्लील दुअरथी के मया-मोह म माते
भटकत हे भुलन खूँद के भाखा ह दिनों-दिन

गुस्सैल निरंकुश हठी मुड़पेल घमण्डी
होवत हे सबे देश के सत्ता ह दिनों-दिन

रिस्ता नता के बीच म बिश्वास मया के
कमजोर परत जात हे धागा ह दिनों-दिन

नारी हे जिहाँ पूज्य उही देश म बिधुना
बाढ़त हे अनाचार के घटना ह दिनों-दिन

ब्यापार नशा के बढ़े जस नारा[75] लमेरा[76]
पहिदत[77] हे घरों-घर जुआ सट्टा ह दिनों-दिन

---

[75] लताएँ
[76] बिना रोपे उगने वाली लता
[77] प्रवेश

होवत हे धरम-जाति के नित गोठ उखेनी[78]
समता के मरत जात हे आसा ह दिनों-दिन

सुखदेव गरीब आदमी के पेट उना[79] हे
बड़हर के भरत जात हे ढाबा ह दिनों-दिन

---

[78] पुरानी विवादास्पद बात
[79] खाली

बसेरा

बहर- 212 1222 212 1222

बिन बुलाए आना हे बिन पठोए जाना हे
आए-जाए के जग मा लाखठन बहाना हे

आज भर बसेरा हे काली आए पहुना बर
काली भोर संझा रतिहा ले रथ रवाना हे

जिन्दगी म होने हे मीठ अउ करू[80] अनुभव
एक के करत सुरता एक ला भुलाना हे

सावचेत रहना हे हर समे करमपथ मा
चोट चूक मा करही ताक मा जमाना हे

एकता सुमत समता बर कलम चलायेके
रोज नेक वादा सुखदेव ला निभाना हे

---

[80] कड़वा

उमर पहा जथे

बहर- 1212 1212 1212 1212

लहर-तुकुर[81] करत रथे सथीनहा[82] नँगाय बर
रहे ल परही सावचेत[83] सुख अपन बचाय बर

जगर-बगर कहाँ बरन दिही दिया ल डीह[84] के
जिकी[85] घलो ल नार के जे आ जथे सुगाय[86] बर

ठकुर सुहाति[87] गोठ मोल दे परखही लोभ ला
पिया खवा दिही घलो ओ चेत[88] ला हजाय[89] बर

सुमत सलाह एकता बने रहय धियान दे
सहीं समय अभी कहाँ मितान मुँह फुलाय बर

कहाँ ले होही डर नहीं बिगाड़ छिन म हो जही
उमर पहा जथे कुछू सिधोय[90] बर बनाय बर

---

[81] ताक-झाँक
[82] भरपेट भोजन करने के बाद भी भोजन देख ललचाने वाला
[83] सतर्क
[84] घर-जमीन
[85] बच्चा फल
[86] बुरा चाह
[87] लुभावनी बात
[88] ध्यान
[89] भटकाना
[90] सृजन

पता हे तोला

बहर- 2122 1122 1122 22

रोज आथौं सुबे दरबार पता हे तोला
कष्ट मा हे प्रभू परिवार पता हे तोला

रोज के रोज मजूरी के जरूरत परथे
मैं बिसाथँव[91] ग चउँर-दार पता हे तोला

मोर परिवार दुवे दिन म ललावन लगथे
जब कभू पर जथों बीमार पता हे तोला

आठ-दस दिन कहाँ हड़ताल करे सकहूँ मैं
मोर औकात के हे पार[92] पता हे तोला

जेब होही रिता पर पेट रिता[93] नइ होही
सोचथे हर चुने सरकार पता हे तोला

एक दू चार रहय तब न बतावय कोनो
मोर घर दुख के हे अंबार पता हे तोला

पक्ष नइ लँव कभू अन्याय असत अनचित[94] के
मोर सुखदेव के संस्कार पता हे तोला

---

[91] खरीदना
[92] बूता के बाहर
[93] खाली
[94] अनुचित

समझे कर

बहर- 1222 1222 1222

न नइया हे न हे पतवार समझे कर
मया अरझा दिही मझधार समझे कर

मया बाधा बनत होही जना जाही
नहकना हे मया के पार समझे कर

मया ला मीठ बोली भर हरा पाथे
हरा पावय नहीं औजार समझे कर

मया के मोल दुनिया हा समझ जाही
त करही फूल के बौछार समझे कर

सुखे-सुख नइ बिते सुखदेव दिन तोरो
मया के पाँव फोरा[95] पार समझे कर

---

[95] फफोला

फोन के बलेंस

बहर- 212 1212 1212 1212

ढेरियाही[96] का गरीब आदमी कमाय बर
नून[97] तेल साग-पान रोज हे बिसाय[98] बर

रंग-रंग के विषय गदक[99] के गोठियाय बर
हे कहूँ जुगाड़ बिन कमाय खाय-अघाय बर

आ जथे अषाढ़ मानसून लहरियात हे
हाल-पर अभी अदर-कचर[100] खदर[101] हे छाय बर

पाठशाला देख के गुनय गरीब आदमी
नइ करँव कमी मैं नोनी बाबू ला पढ़ाय बर

फोन आय-जाय बिन लगय नहीं जिये सहीं
पेट संग फोन के बलेंस हे भराय बर

मत अपन जरूर डारना हे हर चुनाव मा
ओसरय नहीं न कह बुता म बूथ जाय बर

पूजा पाठ व्रत उपासधात अजान प्रार्थना
काय नइ करय गरीब भाग अपन बनाय बर

---

[96] अरूचि दिखाना
[97] नमक
[98] खरीदना
[99] प्रसन्न
[100] साधारण
[101] फूस की छत

साध

बहर- 1222 1222 1222

तें मोला छेड़ झन अकवन[102] धतूरा रे
गली गिंजरा[103] अँगूठा छाप टूरा रे

बरस जाही रे दुन्नो गाल मा चप्पल
खसक, बिन तार के टुटहा तमूरा रे

सिरा जाबे रे अँगरी फोर देहूँ ता
दुबट्टा[104] मा परे खटिया के खूरा रे

पुलिस के लात खाये बर सधाये हस
पहुँच थाना म होही साध पूरा रे

निशर्मी टार मुँह जा काम-बूता कर
ददा दाई के सुख-सपना अधूरा रे

---

[102] आँक
[103] घुमक्कड़
[104] गाँव के बाहर दो रास्ते का मिलन स्थल

काय चाही

बहर- 2122 2122 2122 2122

पूछ झन पच्चीस बेखत काय चाही काय चाही
जाँच ला निष्पक्ष होवन दे हमन ला न्याय चाही

राजनीतिक आँकड़ा बइठार के झन गोठ कर तैं
का सहीं का हे गलत अब तोर हमला राय चाही

सुख मिलै तब्भो बने हे दुख मिलै तब्भो बने हे
घर म सुन्ता माढ़ गे हे अब न कोई बाय[105] चाही

नइ कभू खोजन खजाना नइ बनावन कारखाना
एक नाँगर खेत अउ कोठा म बइला गाय चाही

मोर अँगना तँय पधार अउ तोर अँगना आँव मँय
छल नहीं 'सुखदेव' अब सद्भावना के चाय चाही

आन काहत आन होगे

बहर- 2122 2122

खोज के परसान होगे
नइ मिलिस भगवान होगे

गे जिनिस कइसे लहुटही
आदमी बइमान होगे

आस्था के हे सियानी
छेंव[106] मा विज्ञान होगे

आदमी ए भूत नोहय
पाँव ले पहिचान होगे

नवतपा के नाँव भर मा
रास्ता सुनसान होगे

नो-हरै जनता ह ग्राहक
का भइस मतदान होगे

क्रोध मा सुखदेव बोलिस
आन काहत आन होगे

---

[106] आखरी पायदान

चल मुकुट माथा म सोहन

बहर- 2122 2122

बैठ हरही[107] गाय जोहन
हम चना रखवार नोहन

हम मरे मछरी सहीं का
धार मा पानी के बोहन?

धार के बिपरीत चल के
चल मुकुट माथा म सोहन

शब्द धर के लोकहित के
लोक के हिरदे म पोहन[108]

सुख मिलय सुखदेव सब ला
शिव जपन के राम-मोहन

---

[107] घुमन्तू
[108]गुथना

साँझ ले होगे बिहान

बहर- 2122 2122

साँझ ले हो गे बिहाने
अउ कतेके मन ह माने

गय कहाँ जन्माय बेटी
होय मन छिनछिन म आने

फोन कर रिस्ता नता ला
नइते जाबो चल न थाने

खोज मा जाहीं पुलुस[109] मन
कोजनी कब राम जाने

तोर ला सुन मन जुड़ाइस
सच खबर 'सुखदेव' लाने

---

[109] पुलिस

सोनहा माटी

बहर- 2212 2212 2212

अइसे बनउटी भाव हे बइमान के
जइसे खवा देही करेजा चान के

पानी ल लेही झोंक का जाही बिगड़
जब खेत मा खेती करे हे धान के

सिरतोन मैं ब्लडबैंक मा देखे हवँव
मुँह रक्तदाता कस रथे भगवान के

पक्का हे ए हा आय समदायिक भवन
पाखा म रंगोली हे गुटका पान के

हिस्सा म साढ़े तीन हाथ आही सगा
हर हाल मा मिलही जघा शमशान के

तँय बाँट ले कतको कभू रीतय नहीं
भरही भलुक दिन-रात कोठी ज्ञान के

'सुखदेव' पाबे सोनहा संगी इहाँ
ये सोनहा माटी ये हिन्दुस्तान के

परलोखिया के बात

बहर- 2212 2212 2212

मिलही गला गर गेरवा अरझात ला
पतियाय हच परलोखिया के बात ला

पाछू लबेदा[110] मार कसके झोरही[111]
पहिली फरे-फर टोरही अमरात ला

सथरा[112] म सब्जी दार बर कर्जा न कर
पानी मिला बासी बनाले भात ला

बिश्वास कर जोनी जनम सब एक हे
काबर छुपाथस यार मनखे जात ला

कब तक हुँकारू देत जिनगी काटबे
कुछ तो बढ़ा सुखदेव अपन औकात ला

---

[110] दो से तीन फीट की लाठी
[111] फल को शाख से गिराना
[112] भोजन से भरी थाली

गवाही

बहर- 2122 1122 22

तोर आरोप ह काहीं हावय
मोर भगवान गवाही हावय

ओ भला रार मचाही कइसे
जेन हर गाँव म पाही हावय

मीठ खावस न मिठा बोलस तैं
तोर बर मीठ मनाही हावय

पाप पाखण्ड डहर मुँह होही
जान ले नर्क के राहीं हावय

शे'र कुछ खास उला सानी के
आज 'सुखदेव' सुनाही हावय

लूट व्यवहार सहीं लागत हे

बहर- 2122 1122 22

दोगला गुड़ म कथन पागत हे
लूट व्यवहार सहीं लागत हे

छोटकन बात म गोली-बारी
गाँव अपराध डहर भागत हे

आस बिश्वास धराशाई सब
बात के बात म बम दागत हे

होय हे जबले अलग चूल्हा हा
रोज अघुवान बहू जागत हे

देख सुखदेव नजर हे केती
लोकतन्तर के भये का गत हे

रात के बाद

बहर- 2122 1122 22

धीरे कन[113] आन ये मन हा होही
रात के बाद बिहनहा[114] होही

मान लिस बात बड़े साहब हा
ओखरो बाप किसनहा होही

प्लेटफारम म उँघावत हावय
देश-परदेश जवनहा होही

ए कका ए न बड़ा ए एहा
खास पगरैत मितनहा होही

खेत सुखदेव के भर्री-भाँठा
धान बोंवाय ले धनहा होही

---

[113] धीरे से
[114] सुबह

आँक डारे

बहर-2122 2122 2122

बात मा अब बात ला झन साज तैं हा
आतमा ला आँक डारे आज तैं हा

सुख रहय के दुख सुवारथ मा सँघरथस
हर दरी करथस ठगे के काज तैं हा

आज तक कोनो ल फरियाके बताते
राखथस धोखा म धोखाबाज तैं हा

अब कहाँ अँगना म खटिया डाल सोबे
दुश्मनी के कर डरे आगाज तैं हा

हो जथे देरी कभू दू एक दिन के
माह भर के जोड़ लेथस ब्याज तैं हा

आदमी ला बरगला अउ बाँट देथस
राखे बर अपनेच मुड़ मा ताज तैं हा

कह कभू सुखदेव सन दू-चार आखर
मौन-मुक्का मनके बन आवाज तैं हा

आनी-बानी

बहर- 2122 1122 22

दादा दादी कथें नाना नानी
रोज के खा बने आनी-बानी[115]

रसमलाई चिला सोंहारी[116] खा
सेव दरमी पके आमा चानी

बेटा होये म कही राजा हम
बेटी होवय त कही ओ रानी

होही भोकण्ड[117] बने लइका हा
गाँव भर पीहीं ओ काँके पानी

आज कुछ शे'र लिखे के मन हे
खोज 'सुखदेव' उला बर सानी

---

[115] विविधतापूर्ण
[116] पूड़ी
[117] हिस्ट-पुष्ट

मुस्कात बाली धान के

बेंदरा-बिनास

बहर- 2212 1212

रखही जलाये आस ला
पाही खचित उजास ला

पानी पिरित ल पाये बर
जिन्दा रखी पियास ला

धरती बँटइये सोचही
लेतिस बँटा अगास ला

कोनो किसान नइ सहय
ये बेंदरा-बिनास[118] ला

फल के अहार नइ मिले
बिन आस के उपास ला

बस्ता के बीच मा धरय
लइका कभू न ताश ला

औंछार[119] जल भजत मनुज
दारू भरे गिलास ला

---

[118] टूट-फूट नुकसान
[119] जल छिड़ककर प्रणाम करना

होवय न चित्र देख के
पछतावा कैनवास ला

'सुखदेव' इत्र नइ ढँकय
खोंटा करम के बास ला

सोहबत

बहर- 2122 2122 212

आदमी पाला बदलथे जान के
आँकड़ा बैठा नफा-नुकसान के

कोन ला परिवारवादी नइ कही
सब करत संसो अपन संतान के

अतिक्रमण अंते डहर हे सैंकड़ों
बात हे शमसान अउ दइहान के

न्याय सुख सुविधा सरग सत्ता सबो
होत हे धनवान अउ बलवान के

बाँटहीं दारू ल आजे रात कन
काल तय तारीख हे मतदान के

आदमी नइ चाह के जाथे बिलम
सोहबत अइसे रथे व्यवधान के

बात-ए मुस्कावत कथे सुखदेव हर
कुछ न कुछ मतलब रथे मुस्कान के

दीया मढ़ा दे

बहर- 2212 1212

दीया मढ़ा दे बार के
शोभा ए घर-दुवार के

घर पेट ले जुड़े खबर
पूछन बने तिखार[120] के

लइका ल हे पठोय[121] बर
रस्ता म रोजगार के

माँ-बाप बैठही कहाँ
संतान ला तियार[122] के

खेती म ध्यान चेत दन
महिनत मया ल डार के

कालाबजारी होय झन
चाउँर-पिसान-दार के

अवसर दुवार मा हमर
आथे कभू कभार के

---

[120] स्पष्टता के साथ
[121] भेजना
[122] जिम्मेदारी सौंपकर

मुस्कात बाली धान के

जग मा अपन-बिरान ला
चिनहन नयन निहार के

रचना ल पढ़ पढ़ा लिहू
सुखदेव ला बिसार[123] के

नैना कवल

बहर- 2212 1212

जब ले बिहा के लाय हौं
दिल मा अपन बसाय[124] हौं

नैना कवल म रात-दिन
पुतरी असन बिठाय हौं

मैं बेटी बेटा रूप मा
चंदा सुरुज ल पाय हौं

संगी के संग साथ मा
मैं सुख सरग दहाय[125] हौं

'सुखदेव' मन के भाव ला
गा के ग़ज़ल सुनाय हौं

---

[124] स्थान देना
[125] अंदाजा

मुस्कात बाली धान के

जयगान

बहर- 2212 2212

धयना[126] म का हे ध्यान कर
बइठे हवच भगवान कर

आँखी म टोपा बाँध के
सच पूछ मुँह अउ कान कर

जम्मो जिनिस जेखर करा
जाही कहाँ वो आन कर

बैठक मा जम्मा आदमी
जुरियाय हें दैहान कर

'सुखदेव' जे सच्चा लगे
बस ओखरे जयगान कर

---

[126] चित्त में

आँखी मुँदागे प्यार के

बहर- 2212 2212

आँखी मुँदागे प्यार के
डर मा समाजिक रार के

झुलगे मयारू अउ मया
टोंटा[127] म रस्सी डार के

साँसा धरा झन मौत ला
जिनगी के बाना[128] मार के

जिनगी ल कखरो झन बना
तीपत मरुस्थल थार के

कोनो निबल ला झन सता
आगी ल डर अँक्कार[129] के

मधुरस सकेलत आन हा
अउ आन लेगत झार के

'सुखदेव' जाही अम्लता
संगत म आही क्षार के

---

127 गला
128 हक़
129 श्राप

मुस्कात बाली धान के

बहर- 2212 2212

मुस्कात बाली धान के
चेहरा ये हिन्दुस्तान के

भेंटे म अभिवादन सुघर
सुमिरन भजन भगवान के

बइठत लगे बैकुण्ठ कस
कोरा हमर खलिहान के

पक्का कहे सकही कहाँ
जे खुद हे कच्चा कान के

कुटका[130] घलो फेंकाय झन
कपड़ा ए महँगा थान के

निष्फल कभू होवय नहीं
चलही सफलता ठान के

बिरथा सरग के आसरा
जरगे जघा शमशान के

---

[130] टुकड़ा

मनखे ह घुघवा होय झन
दिखही नहीं दिनमान के

ए मा मया मरहम लगा
ए घाँव ए नैना-बान के

तैं स्रोत ला निरवार[131] झन
'सुखदेव' सत के ज्ञान के

---

[131] खोजबीन

बड़का सवाल

बहर- 221 2121 1221 212

चैनल कभू बताय का जनता के हाल हे
जनता डहर ले रोज के बड़का सवाल हे

रोजी न रोजगार बुता-काम कुछ नहीं
जनता के हाथ फूल के माला गुलाल हे

सरकार कब गरीब के सथरा निहारही
कोरोना ले लड़ाई हे सब्जी न दाल हे

रमकेरिया[132] के नाँव हे भादो के कीर्तिमान
महँगा बिके कुँवार म झुरगा[133] पताल[134] हे

आदर मया दया के नता मोर गाँव भर
घोरत हे बिख ल कोन ये काखर कुचाल हे

---

[132] भिण्डी
[133] बरबट्टी
[134] टमाटर

पुरखा पया समान

बहर- 221 2121 1221 212

नइहे गुजर-बसर रे मयारू मया बिना
कट जाही जिन्दगी भले काशी गया बिना

नाना प्रकार गीत गज़ल रोजे वायरल
पब्लिक करत पसंद शबद मा थया[135] बिना

बलिदान हो जगाहीं कतिक बार बेटियन
सत्ता समाज शास्त्र जगय 'निर्भया' बिना

छत्तीसगढ़ के आँव कथस तँय गुरेर के
पतियान कइसे राम मया अउ दया बिना

सुखदेव झन भुलाबे ग पुरखा पया समान
सिरजै भवन महल न किला घर पया[136] बिना

---

[135] मर्यादा
[136] नीव

मन बिमार हे

बहर- 221 2121 1221 212

खप जाही अउ खपा दिही काये करार हे
माथा मुड़ी म खोभ[137] सनकपन सवार हे

बरजेच[138] मा बिनास भले रोकलय कदम
परमाणु बम हे हाथ म मुँह मा कटार हे

गरमुक्खा[139] लबरा ठेंगिहा[140] चलिहा[141] न खोदिहा[142]
बढ़िया सरू सकाऊ[143] हमर मुकतियार हे

चारो-मुड़ा बिनास झकत देख जंग मा
हर ओर हारे-हार हे असुवन के धार हे

दुश्मन ए दोगला[144] ह धराधाम के हमर
जबरन लड़े लड़ाये के जेखर बिचार हे

मुड़ गोड़ ले सनाय धरम जाति भेद मा
अइसन मनुज ले जाति-धरम शर्मसार हे

------

137 बैर
138 वर्जित करना
139 नकारात्मक आदमी
140 झगड़ालू
141 निन्दक
142 गड़े बातों को उजागर करने वाला
143 सीधा-सादा
144 चुगलखोर

'सुखदेव' गोठ शान्ति सुमत के करत रहन
मनखे के आज तन ले अधिक मन बिमार हे

53

'सुखदेव' गोठ शान्ति सुमत के करत रहन
मनखे के आज तन ले अधिक मन बिमार हे

साथ के बात

बहर- 212 212 212 212

हम अभी साथ हन साथ के बात कर
ऋतु शरद कस मयारस के बरसात कर

भेंट मा भेंट के रीत हर निभ जही
भेंट के ये समय पल ल सौगात कर

साँझ के संग मा चल तहूँ लकठिया
दूरिहा बइठ के फेर झन रात कर

मन अगोरत हे मन से सुना दे कुछू
मन मयारू ले लेवय मुलाकात कर

दिन नवा तोर बर कइसे होही नवा
गुन-समझ-सोच सुखदेव शुरुआत कर

शहर-नगर

बहर- 11212 11212 11212 11212

दिये हे मजूरी मकाम घर ये शहर-नगर ये शहर-नगर
ए ल छोड़ नइहे गुजर-बसर[145] ये शहर-नगर ये शहर-नगर

सुबे देख ए ला के दिन बुड़त के खरे मँझनिया[146] के रात के
खड़े रात-दिन हे सम्हर-पखर[147] ये शहर-नगर ये शहर-नगर

चले डोंगरी के पहाड़ ले के ओ गाँव टोला दुवार ले
इहाँ आ थिराथे[148] ग हर डगर ये शहर-नगर ये शहर-नगर

जे ल लागथे ओ ह जागथे कुछू कामना धरे भागथे
इहाँ रात होय न दोपहर ये शहर-नगर ये शहर-नगर

ठिहा-ठाँव अन्न के ज्ञान के जघा हर जरूरी समान के
इहाँ मौसमी सबे फूल फर ये शहर-नगर ये शहर-नगर

ओ रहे सकय नहीं चारो दिन पेंड़ी-गाँव[149] मा जुना ठाँव मा
जे ल ये शहर के परे टकर[150] ये शहर-नगर ये शहर-नगर

जे ल चार पैसा के चाह हे बुता-काम हाथ म रोज हे
इहाँ हर हुनर के दिली कदर ये शहर-नगर ये शहर-नगर

---

[145] जीवन-यापन
[146] दोपहर
[147] तैयार होकर
[148] विराम
[149] मूल गाँव
[150] आदत

नाम अउ बदनाम

बहर- 212 212 212 212

लाख बाँटे सुबे ज्ञान का काम के
मंद-मउहा म माते हवच शाम के

चउथे पन मा निराधार दाई ददा
व्यर्थ चक्कर तहाँ हे तिरथ-धाम के

अन्न वोही उगाही हमर तोर बर
जेन बेटा ह देखे हे रप घाम के

मँहगियाही अगर विश्वविद्याले मन
योग्यता का पहुँचही बिना दाम के

दर्द काबर हवय खोज कारण ल चल
तँय भरोसा म झन बइठे रह बाम के

नाम के साध[151] हा तोर नइहे गलत
हें अगर कुछ कदरदान टुम-टाम के

दू तरह काज सुखदेव संसार मा
एक हर नाम के एक बदनाम के

---

[151] *इच्छा चाह*

समय के चाकी

बहर- 2122 1212 22

चार दिन बचपना हे माफी मा
बाकी जिनगी हिसाब कापी मा

काम नइहे उड़ान रोके के
आय नइये थकान पाँखी मा

बोल झन बोल का फरक परही
होथे गिनती अखन शराबी मा

फेर सरकार ओखरे आ गय
रोज कोदो न दरही छाती मा

जेन बिन लाज-बात के होही
छूटही बैर हग के बारी मा

चार दिन शौंक अउ सवारी हे
पाँचवाँ दिन शरीर टाटी[152] मा

रहिबे सुखदेव तिर मं धारन के
बइठना हे समय के चाकी मा

---

[152] अर्थी

समय नइहे

बहर- 1222 1222 1222 1222

रहे बर बन जही घर पाँच छै अउ सात माले के
हवय ए भीड़ बर नित दू बखत चिन्ता निवाले के

बिना जाने प्रकृति पर्यावरण के का हवय मरजी[153]
चलन हे खोर घर अँगना सड़क कंक्रीट ढाले के

ददा दाई भले जोहय[154] शहरिया पूत के रस्ता
शउँक[155] पूरा करत हे पूत घर मा डॉग पाले के

कभू ये चीन के झगरा कभू नेपाल के नखरा
सही कइसे उपदरो[156] पाक के दिन-रात घाले के

कथें हे पोठ सौ बक्का[157] ले जादा एकठन लिक्खा
तभे अब तक जिरह मन मा चलत आये हे लाले के

गरीबन अउ अमीरन मा इहू बड़ खास हे अन्तर
हे इँहला खाय के चिन्ता फिकर उँहला निकाले के

डटे रह द्वार मा 'सुखदेव' तँय जल्दी जवाब आही
समय नइहे समय सो अब समय के प्रश्न टाले के

---

[153] इच्छा
[154] इन्तजार
[155] शौक
[156] उपद्रव
[157] मौखिक कथन

मया

बहर- 1222 1222 1222 1222

मयारू बर मयारू के मया भरमार देखे हन
मया के दायरा सातों समुन्दर पार देखे हन

लड़े बर सामने ठाढ़िस धरम अउ जाति के सैना[158]
मया के पक्ष मा तब-तब खड़ा संसार देखे हन

तिपे रेता म उखरा पाँव रेंगिस नइ परिस फोरा
मरुस्थल मा घलो मजलूम बर जल धार देखे हन

ददा दाई न भाई बन्धु ना जाते समाजे के
समाजे बीच अइसनहो सुखी परिवार देखे हन

मया हारे हवय पर जीत पाइस एक ना कोनो
मया के हार मा संसार भर के हार देखे हन

---

[158] सेना

बिचार

बहर- 1222 1222 1222 1222

बिचार आये हवय तेमा कहाँ कुछ अउ बिचारे के
बिचारे बिन बिचार आही कहाँ जंगल उजारे के

गुनत हें बैठ तेंदू-चार अउ साजा सराई मन
जरूरत हे ग जंगलिहा अपन आँखी उघारे के

कभू हिम्मत सकेले नइ सके हे चोर चोरी बर
हमर हे काम सरलग टाहलू कस रेर पारे के

रहय ये याद के बचपन के दिन ला याद हे रखना
जना जाही तहाँ हर भाव पुचकारे दुलारे के

प्रतिस्पर्धा लड़ाई ला उही हर जीतथे पक्का
रहय जेला नहीं डर-भाव हा सुखदेव हारे के

तैं रिसाये हवस

बहर- 212 212 212 2

पूरा परिवार समझात का हे
आदमी ला समझ आत का हे

जाँचले दिल लगाये के पहिली
तोर घर-बार औकात का हे

काखरो ले मया हो जही ता
पूछबे झन धरम जात का हे

गाँव ला देखले हें मगन सब
तँय रिसाये[159] हवस बात का हे

देख तो भोग छप्पन खवइया
तोर बनिहार हा खात का हे

भींजथौं घण्टों सावन झड़ी मा
ए फुहारा के बरसात का हे

दल-बदल के घलो देख डारिस
अब समझही भितर-घात का हे

---

[159] *नाराज*

मुस्कात बाली धान के

ऊँच नइहस त जादा उचक झन
देख ले हाथ अमरात का हे

ये फुलेलन म सुखदेव जा झन
जस ले जादा ग ममहात का हे

अमर-बेल

बहर- 2122 1122 22

गाँव मा कोन अमावत[160] हावय
जे अमर-बेल जनावत हावय

चार सथरा[161] ल गवाही धरके
हार पथरा म चढ़ावत हावय

पाँव परलोखिया[162] के पहिचानी
का सुवारथ म ओ आवत हावय

खेत-घर-बारी-दुवारी-अँगना
भेद भाँड़ी[163] ले खँड़ावत हावय

हाय ! पुतरा ल समझ के छौना
गाय बपुरी ह दुहावत हावय

जागरण गीत ग़ज़ल गा-गा के
जाग सुखदेव जगावत हावय

---

[160] प्रवेश
[161] थाली
[162] भेदिया
[163] आहाता

मुस्कात बाली धान के

हाँस झन

बहर- 2212 2212

खाँसी बिना तँय खाँस झन
कखरो बिपत[164] मा हाँस झन

इरखा जलन के बस म हो
तँय बेच कखरो माँस झन

करजा हरय दशगात्र के
हालत बुरा हे गाँस[165] झन

नीचे म बिजली तार के
कोनो लगावै बाँस झन

लटपट म सुमता आय हे
माथा म कुमता ठाँस[166] झन

सरसे बिना सुखदेव के
प्रभु लूट लेबे साँस झन

---

[164] संकट
[165] अधिभार
[166] गड़ाना

कलम

बहर- 2212 2212 2212 2212

तलवार ले आगर बड़ाई हे कलम के धार के
जीते लड़ाई हे कई सुख शान्ति हक अधिकार के

पाला म लाये बर अपन अँधियार कर लाखों उदिम
आदर कमाये हे कलम हा साथ रह उजियार के

आँसू ल अनदेखा करत अन्याय के अँगरी धरत
कवि के कलम करही कहाँ जयगान अत्याचार के

कर जोर के जनता करा सेवा के अवसर पा घलिस
अब धन सकेलत हे नँगत[167]जनते के बाना मार के

माथा मतर[168] के मोक के कइथे हमर हितवा हरय
सुमता म घर परिवार के हाँसत हे महुरा[169] डार के

बिक के छपन लगही त अचरज कोन ला होही नहीं
छप के बिके के आचरण व्यवहार हे अखबार के

बेकार आदत ए धरम अउ जाति कखरो पूछना
पहिचान बर मनखे करा दर्पण रथे व्यवहार के

---

[167] *अत्यधिक*
[168] *बहकाना*
[169] *विष*

भाखा समझ उद्धार लिखना हर कलम बर हद कठिन
जब भूख अउ दुख दर्द बोले जाय आँसू धार के

ढक्कन लगा तुरते कलम ला खोंच देथे जेब मा
सुखदेव घर परिवार अउ चिंता म चाउँर दार के

नलकूप भरोसा

बहर - 221 1222 221 1222

का पोठ किसानी हे का खेत ह धानी हे
नलकूप कहत हावय हर हाथ म पानी हे

सकलाय[170] धरा भीतर जल रोज निकाले मा
बतिया[171] तो कतिक पुरही निश्चिंत परानी हे

गय सूख कुआँ झिरिया अउ ताल-तलैया मन
नलकूप भरोसा अब सब राम कहानी हे

जब बाँध नहर बनही जल सोख धरा धरही
तब भाग हमर जगही बादर ह न दानी हे

अनलेख गज़ल गाना जल बूँद बचाये बर
हर देश के जनता ला सब याद जुबानी हे

चल ठान परन भाई सिरजाबो ग रुखराई
जब स्वच्छ हवा पानी तब साँस रवानी हे

सुखदेव कलम धर तैं बरसाते गज़ल बनही
शुरुवात उला ले कर बस पास म सानी हे

---

170 एकत्रित
171 बोलिए

रंग घोरे देख झन

बहर- 2122 2122 212

बिन मया होही मिठा बोली कहाँ
एक हमजोली बिना होली कहाँ

तोर देखे बिन मयारू साथी रे
खिलखिलाही रंग रंगोली कहाँ

रंग के नीयत गजब पहिचानथें
अब टुरिन हुँशियार हें भोली कहाँ

हन सगा पहुना किरायादार कस
जरखरीदी दिल के हे खोली कहाँ

रंग घोरे देख झन सुखदेव तँय
रूकही कल तक परब होली कहाँ

वोट बर

बहर- 2122 2122 212

धर्म का हे,जाति का,का गोत[172] हे
वोट बर वोटर के परिचय होत हे

नीत अउ रणनीत का हे, का कही?
मुड़[173] पकड़ के लोकतन्तर रोत हे

जीव कल तड़फत रहिस हे प्यास मा,
आज पानी के दिखत कइ स्त्रोत हे

घोर अँधियारा रहिस रस्ता म कल
आज बर उम्मीद दीया जोत हे

भोंभरा काँटा ले बचही पाँव हा?
बूट चप्पल के बेवस्था होत हे

---

[172] गोत्र
[173] सिर

दीवाना असन

बहर-212 212 212 212

आदमी हर कहूँ हे दिवाना असन
जोर ताकत लगाही जमाना असन

देख लेवन खचित फून के छाँट के
बोदरा[174] जब लगे पोठ दाना असन

आसरा टोर हर बेर टरकाये हे
आज किरिया लगत हे बहाना असन

झाँझ के आँच ले बाँच के चल चला
ये मुई जिन्दगी लीम पाना असन

गुनगुनाले सगा खोज झन तँय जघा
शब्द सुखदेव के गीत गाना असन

---

[174] हल्का बिज

आसवासन ल खा अघाबो हम

बहर- 2122 1212 22

धर के जाँगर बने कमाबो हम
साध भर सुख के दिन बिसाबो[175] हम

छोड़बो तोर-मोर के झगरा[176]
तब गरीबी ले जीत पाबो हम

रुपिया पैसा बिना समानन के
भाव कइसे भला दहाबो[177] हम

धर्म के नाँव ग्राहकी करबो
हाट मा हर दरी ठगाबो हम

जाँच-पड़ताल के दिखावा मा
दोष अपराध बिन नठाबो[178] हम

पेट भर-भर मलाई उन खाहीं
आसवासन ल खा अघाबो[179] हम

जाबे सुखदेव ता बता दे बे
तोर रस्ता बने हे जाबो हम

---

[175] खरीदेंगे
[176] झगड़ा
[177] आकलन
[178] फँसना
[179] पेट का तृप्त होना

अखबार

बहर- 221 1222 221 1222

ईमान धरम वाले कमजोर करम वाले
अखबार तहूँ ले ले ताजा हे गरम वाले

दमदार बियँग शैली सच खोज लिखे हावय
देरी ले समझ आही हे बात मरम वाले

बइमान[180] के पारी ला हर बात म गारी ला
मुँह मूँद सहत बइठे ईमान-धरम वाले

परताप के दावा हा उघरे हे दिखावा हा
आजो हें छपे परगट[181] दू चार शरम वाले

हर बात म नटबे[182] झन सुखदेव चिमटबे झन
जादा म भड़क जाही चुप शान्त बरम[183] वाले

---

[180] बेईमान
[181] स्पष्ट सबके सामने
[182] इन्कार
[183] मस्तिष्क

गरीबी

बहर- 221 2122 221 2122

काटे कटै न रतिहा लटपट[184] म दिन पहाथे
आठो पहर मयारू सुरता ह तोर आथे

परहित म पेर जाँगर काबर न दँव पटंतर[185]
चौंरा म बैठ ठलहा बैतरनी[186] नद दिखाथे

धन हे गरीब मनखे धन-धन दशा गरीबी
मिरचा म पेज खा के मुनगा-बरी बताथे

होये हे काली बाँटा अँगना म परगे हाँथा[187]
बेटा कहत फिरत हे माँ-बाप परगे माथे

सुखदेव तँय चले चल गुरु के बताय रस्ता
पाबे ठिहा-ठिकाना सत सुख सरग ल साथे

---

[184] मुश्किल से
[185] प्रतियोत्तर
[186] एक नदी
[187] आहाता

बिरथा हे बइठ खाना

बहर- 221 1222 221 1222

आना हे त जाना हे अनलेख बहाना हे
ये ठौर ठिकाना मा दिन चार बिताना हे

काया म अटकना का माया म भटकना का
प्रभु संग करे वादा हर साँस निभाना हे

उपदेश करोड़ो हे कतका ल धरै कोई
वो बात धरे जाही जे बात म दाना हे

दुख तोर पहा जाही सुख भोर पहुँच आही
अब छोड़ निराशा ला नव आस जगाना हे

चल बाँध कमर फेंटा[188] भुइयाँ के रतन बेटा
आपस के मया सुमता आगास[189] छुवाना हे

सुखदेव तहूँ सुन ले हिरदे म बने गुन ले
बिरथा[190] हे बइठ खाना निक रोज कमाना हे

---

[188] पट्टा
[189] आसमान
[190] व्यर्थ

उल्हे के आस

बहर- 2122 1212 22

श्यामरंगी बदरिया छा गे हे
आस आषाढ़ लहरिया गे हे

हारे हपटे गिरे थके मन मा
फेर उल्हे[191] के आस जागे हे

चैत-बैसाख जेठ के झोला
आही आषाढ़ कहि सहागे हे

आसरा टोर झन बरिश आसों
पौर[192] मुड़ मा फिकर[193] बसा गे हे

होगे मुड़थोप मुड़ उपर करजा
खेत खलिहान अकबका[194] गे हे

छेना लकड़ी जतन मगन हे मन
छानी परवा खदर छवा गे हे

कोन परसै उहाँ गियान अमरित

---

[191] हरा-भरा होना
[192] गत वर्ष
[193] चिन्ता
[194] व्याकुल

मुस्कात बाली धान के

मंद-मउहा जिहाँ बँटा गे हे

नइ बनत हे तिरत न तो दाबत
हाथ पखना तरी चपा[195] गे हे

अरतता-अरतता[196] अमरवाणी
आज सुखदेव ला सुना गे हे

मंद-मउहा जिहाँ बँटा गे हे

---

[195] दबना
[196] खेत में हल चलाता बैलों को हाँकता किसान की आवाज

कद्र नइहे

बहर- 2122 2122 212

का सुनावँव कद्र नइहे बात के
आदमी मैं नानकन औकात के

मैं अभागा दिन म अनचिन्हार हँव
का गवाह-आधार पाहूँ रात के

दाम बूता-काम के देतिन सुघर
देत रहिथें डोज घूसा-लात के

तीन तल्ला तोर ए तैं झन डरा
मोर हद बस एक टाँठिया[197]भात के

रोज थक के सो जथौं बिस्तर बिना
तैं समझथस माँय परे हँव मात के

मैं सृजन सहयोग महिनत जानथौं
गम कहाँ पाहूँ ग धोखा घात के

जर जवै कोनो त कोनो बर जवै
गोठियइया आँव माँय सँउहात[198] के

मुस्कात बाली धान के

आजकल तैं-मैं तहाँ शादी-गवन
का जरूरत नेग अउ बारात के

आप पढ़थव खुश रथे सुखदेव हा
चाह नइहे वाह ताली दात के

गाँव मा

बहर-2122 2122 212

हे भले खन्ती-कुदारी गाँव मा
नेह नाता के दुवारी गाँव मा

चार-दिन का आठ-दिन पहुना रहै
आठो दिन आदर के थारी गाँव मा

बड़ अगोरिन पाठशाला जाय बर
अनकुँवारी अस दुलारी गाँव मा

हे शहर भर मांग हरबल पेस्ट के
लीम बँभुरी[199]के मुखारी गाँव मा

एक-दूसर बर जलन-चुगली भरे
पर शहर बर नइहे चारी गाँव मा

मैं कथँव निश्छल मया संस्कार ये
तैं कथस दिखथे गँवारी गाँव मा

चेत चाही आपके सुखदेव अब
नरवा-गरुवा-घुरुवा-बारी गाँव मा

---

[199] *बबूल*

गोठियइया

बहर- 2122 1212 22

गोठियइया गजब हवैं भइया
पाँच सच्चा पचीस भरमइया

आदमी ला चरात हें अइसे
जस चराथे ग बरदिहा गइया

आदमी घाट-भर बुड़ोये बर
एक दुइ चार पार नहकइया

दे पँदोली[200] चढ़ात हें बिरले
कोरी-खइखा हें टाँग खींचइया

गाय-गरुवा गली म घूमत हे
चैन के नींद सोय गोसइया

माँग के वोट मोठ ओ होवय
रोज दुबराय[201] वोट देवइया

आज कंक्रीट के हे घर बस्ती
ताल-तरिया न आम-अमरइया

दस विरोधी सहीं करइया के
पर गलत के न एक बरजइया

देख सुखदेव मूँद झन आँखी
जान-चिन्ह ले छुड़इया-अरझइया

घर-बार के माली

बहर- 2122 1122 22

ओ कदरदान के ताली कस हे
सोनहा धान के बाली कस हे

मोर घर पाँव धरिस धन-लछमी
स्वर्ग के सुख मिले हाली कस हे

गोठियावँव मैं बड़ाई कतका
दाई के पोरसे थाली कस हे

राखे हे बाग-बगइचा हरियर
मोर घर-बार के माली कस हे

ये कहत मैं न सुने हँव ओला
आज मन-ढेर-अलाली कस हे

ये हमर साठ बरिस के सेवा
लागथे पेट-बिकाली कस हे

मान सुखदेव जुने ला असली
ये नवा नोट ह जाली कस हे

हुँकारू

बहर - 122 122 122

न शिक्षित न कर्मठ जुझारू
तभो जीत गय बाँट दारू

कुछू कह धरम-जाति जुरगे
बरसही समरथन हुँकारू

तभे तक जतन पानी चारा
हवय गाय जब तक दुधारू

धरे नवतपा जेठ आही
सुहाही ग भाजी अमारू

बिरोधी ह कहिबेच करही
चढ़ाऊ ल सुखदेव उतारू

गजब

बहर -122 122 122 12

गगन मा चमकदार तारा गजब
हमर बर सुरुज के सहारा गजब

इहू साल सरकार लगवाये हे
गरीबी हटाये के नारा गजब

बुझाना अपन प्यास नदिये म हे
समुन्दर के पानी हे खारा गजब

कुछू काम धन्धा डहर मोड़ दी
अगर पूत किंजरत हे पारा गजब

अगर ईंट पथरा ल हे जोड़ना
त लगही ग सुखदेव गारा गजब

झाँक लेये कर

बहर- 1212 1122 1212 112/22

शहर के का हे समाचार झाँक लेये कर
समय निकाल के अखबार झाँक लेये कर

करम-धरम ल बदल तो न ले हे स्वारथ मा
कलम करत हे का व्यवहार झाँक लेये कर

कतिक चुनाव ल निपटे तो साल भर होगे
करत हे का चुने सरकार झाँक लेये कर

चना मसूर कते खेत मा गहूँ कुलथी
डलत कते म हे कुसियार[202] झाँक लेये कर

पिलोर[203] चार हे सुखदेव अउ ददा दाई
दु चार दिन म चउँर दार झाँक लेये बर

---

[202] गन्ना
[203] बाल-बच्चे

मतदान

बहर- 212 212 212

होथे दिन खास मतदान के
जनता पद पाथे भगवान के

बात कुछ करना बर्ताव कुछ
पय पुराना ए इन्सान के

नइ घटय पूछ आदर कदर
गाँव घर खेत खलिहान के

जब मुनाफा मा रहिथे नजर
नइ रहय चेत नुकसान के

वोट बर होथे सुखदेव सुन
गोठ हिन्दू मुसलमान के

9 798889 415580